VENTE APRÈS DÉCÈS DE M. P...
Le Lundi 20 Mars 1911
HOTEL DROUOT, SALLE N° 7
A DEUX HEURES

EXPOSITION PUBLIQUE
Le Dimanche 19 Mars 1911
DE 1 HEURE 1/2 A 6 HEURES

OBJETS D'ART

DE

LA CHINE ET DU JAPON

PORCELAINES ANCIENNES

TAPIS, ÉTOFFES SOIES BRODÉES

EXEMPLAIRE DE H. STETTINER

COMMISSAIRE-PRISEUR
M° F. LAIR-DUBREUIL
EXPERTS
MM. PAULME & B. LASQUIN Fils

CATALOGUE

DES

OBJETS D'ART

DE LA CHINE ET DU JAPON

PORCELAINES ANCIENNES

IVOIRES SCULPTÉS DU JAPON

Jades et Cristaux de roche anciens de la Chine

ÉMAUX CLOISONNÉS ANCIENS ET MODERNES

IMPORTANTS BRONZES DU JAPON

ÉTOFFES, SOIES BRODÉES, VELOURS ÉPINGLÉS

TAPIS CHINOIS

Dont la vente après décès de M. P... aura lieu

HOTEL DROUOT, SALLE Nº 7

LE LUNDI 20 MARS 1911

à deux heures précises

COMMISSAIRE-PRISEUR	EXPERTS
Mᵉ F. LAIR-DUBREUIL	MM. PAULME & B. LASQUIN fils
6, rue Favart	10, rue Chauchat | 11, rue de la Grange-Batelière

Chez lesquels se distribue le présent Catalogue.

EXPOSITION PUBLIQUE

Le Dimanche 19 Mars 1911, de 1 heure 1/2 à 6 heures

CONDITIONS DE LA VENTE

Elle sera faite au comptant,

Les adjudicataires paieront *dix pour cent* en sus des enchères.

L'exposition mettant le public à même de se rendre compte de l'état et de la nature des objets, il ne sera admis aucune réclamation une fois l'adjudication prononcée.

Paris. — Imp. de l'Art, Ch. Berger, 41, rue de la Victoire

DÉSIGNATION

PORCELAINES DE CHINE
ANCIENNES ET MODERNES

1 — Vasque en céladon gris craquelé de Chine, décoré en émaux de couleurs : Paysage avec guerriers. Intérieur décoré de poissons rouges.

2 — Paire de vases-rouleaux en porcelaine de Chine, genre Khang-hy, décorés en émaux de couleurs : scènes de lutte.

3 — Paire de vases en porcelaine de Chine, genre Khang-hy, décoré en émaux de couleurs de pêcher en fleurs et oiseaux sur fond noir.

4 — Grand vase à quatre faces, forme rectangulaire, en porcelaine de Chine, décor de réserves à personnages et paysage en émaux de couleurs sur fond bleu empois. Socle en bois de fer.

5 — Pyramide de fruits sur une petite coupe à bord festonné en ancien grès émaillé rouge. Époque Khang-hy.

6 — Petite coupe libatoire, formée d'une feuille de lotus, en ancien céladon aux trois couleurs. Époque Khang-hy.

7 — Paire de chimères en ancien grès émaillé aux trois couleurs. Époque Ming.

8 — Paire de petits vases, de forme carrée, décorés de marbrures rouges, bleues, jaunes et vertes sur fond blanc, en ancienne porcelaine de Chine. Époque Kien-lung.

9 — Paire de réservoirs à eau, ayant chacun la forme d'une théière sans couvercle simulant une pêche, en porcelaine de Chine couleur vert pomme taché de rouge. Époque Yung-tching.

10 — Vase, de forme turbiné, décorée en émaux de couleurs de la famille verte, de figures dans un paysage. Époque Khang-hy.

11 — Statuette du dieu assis sur un axis, sur base rectangulaire en ancien grès émaillé couleur aubergine bleu turquoise et jaune. Époque Ming.

12 — Kouba en ancienne porcelaine de Chine, formé d'un homme nu accroupi, décoré d'un lambrequin en émaux de couleurs. Époque Kien-lung.

13 — Statuette de joueuse de flûte en ancienne porcelaine blanche de Chine. Époque Kien-lung.

14 — Vase-pitong, formé de branches de roseau, en céladon de Chine jaune.

15 — Cache-pot cylindrique en ancien céladon de Chine, décoré de figures allégoriques en bleu et brun sur fond vert d'eau. Socle en bois de fer.

16 — Paire de jardinières, de forme ronde, en ancienne porcelaine de Chine décorée en émaux de couleurs de dragons dans les flammes sur fond jaune. Epoque Kien-lung.

17 — Paire de statuettes d'enfants debout en ancienne porcelaine émaillée rouge et vert. Époque Khang-hy.

18 — Vase, formé d'un tronc d'arbre avec champignon en relief, en ancien céladon flambé de Chine gris clair.

19 — Pot, de forme sphérique, en ancienne porcelaine de Chine, décor de fruits en bleu sur blanc. Époque Kien-lung. Couvercle en bois noir.

20 — Pot sphérique en ancienne porcelaine de Chine, décor de personnages et cavalier en bleu sur blanc. Époque Khang-hy. Couvercle en bois noir.

21 — Vase-balustre en ancienne porcelaine de Chine bleu fouetté, avec traces de dorure. Époque Khang-hy.

22 — Vase-balustre en ancienne porcelaine de Chine, décor en bleu de pêchers fleuris, pivoines, oiseaux et rochers. Époque Khang-hy.

23 — Pot sphérique en ancienne porcelaine de Chine, décoré en émaux de couleurs de papillons et fleurs détachées sur fond bleu empois. Époque Kien-lung.

24 — Pot sphérique en ancienne porcelaine émaillée rouge sang de bœuf. Époque Kien-lung. Couvercle et socle en bois de fer ajouré.

25 — Vase à col évasé en ancienne porcelaine émaillée jaune, avec lambrequins et palmes en relief en bleu, blanc, rouge et vert ; panse godronnée. Époque Kien-lung.

26 — Pot sphérique avec couvercle en ancienne porcelaine de Chine, décor de dragons dans les flammes en bleu sur blanc. Époque Khang-hy.

27 — Paire de pots sphériques avec couvercles en
ancienne porcelaine de Chine, décorés en
émaux de couleurs, de feuillages et réserves
sur fond vert et rose. Époque Kien-lung.

28 — Vase-balustre en ancienne porcelaine de
Chine, décoré en émaux de couleurs de la famille rose de guerriers, cavaliers avec étendards
et touffes de palmiers. Époque Kien-lung.

29 — Vase en ancienne porcelaine de Chine, décoré
en émaux de couleurs, représentant un festin
avec nombreux personnages. Époque Yung-
tching.

30 — Vase-rouleau en ancienne porcelaine de Chine,
décor en bleu : paysage maritime avec personnages. Époque Khang-hy.

31 — Vase, en forme balustre, en ancienne porcelaine de Chine, décoré en bleu des insignes dy-
nastiques dans des réserves séparées par des
bandes fond quadrillé, et palmes au col et à la
base. Époque Khang-hy.

32 — Vase-rouleau, à col évasé, en ancienne porcelaine de Chine, décoré en émaux de couleurs de
la famille rose d'une pagode avec nombreux
personnages, avec rinckshaw et coolis. Époque
Kien-lung.

33 — Paire de grosses potiches couvertes en ancienne porcelaine de Chine, décorée en émaux de couleurs de la famille rose de pivoines, arbustes, oiseaux et rocher sur fond vert d'eau gravé de rinceaux sous couvercles. Époque Kien-lung.

IVOIRES DU JAPON
SABRES, POIGNARDS

34 — Grand sabre japonais avec fourreau en os sculpté, gravé à nombreuses figures de guerriers.

35 — Grand sabre japonais avec fourreau en os sculpté, gravé à personnages.

36 — Sabre japonais avec fourreau en os sculpté gravé, avec figures de guerriers, cavaliers et autres.

37 — Quatre poignards japonais avec fourreau en os sculpté, gravé à figures de guerriers ; poignées à tête de dauphin.

38 — Fabricant d'écrans avec son enfant. Groupe en ivoire sculpté.

39 — Statuette de pêcheur à la ligne, en ivoire sculpté ; le vêtement en bois patiné incrusté de nacre.

40 — Statuette de paysan japonais devant un panier à fruits, en ivoire sculpté.

41 — Pot à tabac avec couvercle forme cylindrique, en ivoire sculpté de chimères en relief.

42 — Paire de vases-pitongs en ivoire sculpté en relief de paysages avec figures, socles en bois noir.

43 — Groupe de deux figures en ivoire sculpté : Fabricant de baquet et paysan.

44 — Groupe en ivoire sculpté : Homme et femme préparant leur déjeuner auprès d'un foyer.

45 — Lion rugissant. Ivoire sculpté.

46 — Coq et poule. Ivoire sculpté.

47 — Groupe en ivoire sculpté, formé d'une grappe de quatre enfants courant.

48 — Groupe en ivoire sculpté, formé de chasseur accroupi et chiens.

49 — Groupe en ivoire sculpté à jour, formé d'un enchevêtrement de dragons.

50 — Gheisha avec ombrelle, statuette en ivoire sculpté.

51 — Groupe en ivoire sculpté, formé d'une poule et coq sur une branche d'arbre.

52 — Éléphant marchant, Ivoire sculpté.

53 — Groupe de trois ours marchant sur un tronc d'arbre.

54 — Groupe en ivoire sculpté : Ours jouant avec deux oursins.

55 — Groupe en ivoire de deux éléphants sur un tertre en bois sculpté patiné.

56 — Groupe en ivoire : Trois oiseaux avec nid, sur un tronc d'arbre en bois sculpté patiné.

57 — Statuette de paysan japonais allumant sa pipe à une lanterne, en ivoire sculpté.

JADES ET CRISTAUX DE ROCHE
DE LA CHINE

58 — Théière, de forme aplatie, en jade ancien, décoré de feuillages.

59 — Vase porte-pinceaux, formé de deux branches
de bambou, avec feuillages et chimère en jade
vert d'eau. Socle en bois de fer.

60 — Vase couvert, de forme aplatie, à deux anses
à tête d'éléphant, gravé d'ornements en relief·
Socle en bois de fer incrusté de cuivre.

61 — Vase, de forme aplatie, avec chimères et feuillages, en jade blanc gravé à jour. Socle en bois
de fer à feuillage ajouré.

62 — Garniture de trois petites pièces, composée
d'un brûle-parfum, d'un flacon et d'une bonbon-
nière en jade vert gravé de feuillages et rangs
de grecques. Socles en fois de fer et étoffes.

63 — Coupe en forme de fruit aplatie, avec branche
de feuillages en jade blanc gravé en relief.

64 — Paire de bols en jade blanc uni, sur socle en
bois de fer et feuillages.

65 — Coupe, formée de deux vases accouplés en forme de losanges, avec couvercle, à bouton et anses gravés à jour, décor de caractères sur fond de grecques. Socle en bois de fer.

66 — Petit pot à encens, avec couvercle et anses formées de chiens en cristal de roche, gravé en relief et gravé. Socle en bois de fer.

ÉMAUX CLOISONNÉS
ANCIENS ET MODERNES
DE LA CHINE ET DU JAPON

67 — Paire de vases en émail du Japon, décor en couleurs à tiges de roseau, bambou et fleurs sur fond vert clair.

68 — Coupe à fruit avec tige porte-fleurs en émail cloisonné du Japon, décor de dragon sur fond bleu turquoise.

69 — Paire de vases à col rétréci en émail cloisonné de Chine, décor de couleurs : fleurs et chimères sur fond gros bleu.

70 — Petit brûle-parfum en bronze doré, avec couvercle ajouré, de forme rectangulaire, en émail cloisonné de la Chine : rameaux de feuillages et fleurs en couleurs sur fond bleu turquoise. Repose sur quatre pieds en bronze doré.

71 — Grand vase en émail cloisonné de la Chine, décoré en couleur de branchages de chrysanthèmes sur fond bleu turquoise à grecques en dorure.

72 — Paire de grosses potiches couvertes, en émail cloisonné de la Chine, décor d'arbres à fleurs blanches, avec oiseaux sur fond brun à grecques en dorure; lambrequin à col, palmes à la base.

73 — Paire de grandes bouteilles en émail cloisonné de Chine, décor de dragons dans les flammes et fleurs au col sur fond bleu turquoise.

74 — Paire de vases en émail cloisonné de Chine, décor en couleurs : ville au bord d'une rivière.

75 — Bassin à bord plat en ancien émail cloisonné de la Chine, à décor de chimère en couleur sur fond bleu turquoise. XVIIe siècle.

BRONZES DU JAPON

76 — Paire de vases en bronze patiné, à col très évasé, orné chacun en relief d'une branche d'arbre fleurie, avec oiseaux de proie.

77 — Paire de flambeaux en bronze verni, formés d'une tige de fleurs de lotus avec oiseaux à la base.

78 — Cigogne sur une île en bronze ciselé argenté. Socle en bois noir imitant les flots.

Haut., 28 cent

79 — Paire de flambeaux à deux lumières, formés chacun d'un branchage supporté par une statuette de guerrier japonais en bronze patiné et doré. Socle en bois noir.

Haut. totale., 55 cent

80 — Vase ovoïde en bronze patiné, décor en relief : canards sauvages et tige de roseaux.

81 — Paire de statuettes de guerriers japonais en bronze patiné. Socles en bois noir.

Haut. totale, 40 cent.

82 — Lion couché au repos. Bronze patiné.

Haut., 18 cent.; long., 37 cent.

83 — Chameau en bronze ciselé patiné.

Haut., 37 cent.; long., 40 cent.

84 — Chameau marchant en bronze ciselé patiné.

Haut., 30 cent.; long., 48 cent.

85 — Tigre sur l'attaque en bronze ciselé et gravé.

Haut., 30 cent ; long., 72 cent.

86 — Tigre accroupi, dévorant un bélier, en bronze ciselé, gravé et patiné du Japon. Sur base rectangulaire.

Haut., 25 cent.; long., 71 cent.

87 — Tigre à l'attaque en bronze ciselé patiné. Sur base en bois sculpté patiné simulant un rocher.

355

Long., 1 m. 10 cent.; haut. totale, 65 cent.

88 — Important groupe en bronze ciselé et patiné : lion attaqué par deux tigres. Sur terrasse simulant un terrain en bois sculpté patiné.

910

Haut., 85 cent.; long , 1 m. 75 cent.

ETOFFES SOIES BRODEES
VELOURS ÉPINGLÊS
DU JAPON

89 — Petit tableau en soie brodée : Paysage maritime. Travail japonais.

90 — Quatre feuilles d'écran de satin couleur havane, brodé en soies de couleurs de chrysanthèmes.

Haut., 1 m. 50 cent. ; larg., 60 cent.

91 — Couvre-lit en faille rose pompadour, avec pied de chrysanthème et oiseaux brodés de soies de couleurs. Doublé de soie rose.

Haut., 2 m. 40 cent.; larg., 1 m. 75 cent.

92 — Grand couvre-lit en faille bleue d'azur, avec glycine, chrysanthèmes et oiseaux brodés en soies de couleurs. Doublé de soie bleue d'azur.

Haut., 2 m. 45 cent.; larg., 2 m. 15 cent.

93 — Couvre-lit en satin havane, décor de chrysanthèmes brodés en soies de couleurs. Doublé de
soie havane.

Haut., 2 m. 40 cent.; larg., 1 m. 75 cent.

94 — Paire de portières avec lambrequins de satin
grenat, brodé de chrysanthèmes en soies de
couleurs.

Haut., 3 m. 20 cent.; larg., 1 m. 20 cent.

95 — Paire de portières avec lambrequins en satin
grenat brodé de chrysanthèmes en soies de couleurs.

Haut., 3 m. 20 cent.; larg., 1 m. 20 cent.

96 — Couvre-lit en faille havane, décor de glycine
et oiseaux brodés en soies de couleurs. Doublé
de soie havane.

Haut., 2 m. 40 cent.; larg., 1 m. 75 cent.

97 — Panneau décoratif en broderie de couleurs :
Paysage avec mare ; effet de soleil couchant. Encadrement tissu vert.

Haut., 1 m. 90 cent.; larg., 1 m. 40 cent.

98 — Autre panneau, faisant pendant au précédent :
Bord de rivière.

99 — Lambrequin en faille crème brodée de chrysanthèmes de soies de couleurs.

Haut., 66 cent ; larg., 2 m 60 cent.

100 — Couvre-table en faille crème brodée de chrysanthèmes et glycines en soies de couleurs.

Haut., 1 m. 80 cent.; larg., 1 m. 75 cent.

101 — Panneau décoratif en velours épinglé du Japon : Lion et lionne sur un rocher.

Haut., 2 mètres ; larg., 1 m. 50 cent.

102 — Panneau décoratif en velours épinglé : Paysage avec rivière et pont de bois. Encadrement de tissu vert, lamé or.

Haut., 2 m. 30 cent.; larg., 1 m. 72 cent.

103 — Autre panneau, faisant pendant au précédent : Paysage montagneux avec torrent et pont de bois.

104 — Panneau décoratif de velours épinglé du Japon, décor de groupe de lion et lionne dans une rizière.

Haut., 1 m. 80 cent.; larg., 1 m. 20 cent.

105 — Autre panneau décoratif, formant pendant au précédent : Tigres sur des rochers au bord d'un torrent.

ÉTOFFES SOIES BRODÉES
TAPIS DE LA CHINE

106 — Kimono avec écharpe en crêpe de Chine mauve, brodé de fleurs. Doublé de soie verte.

107 — Autre kimono avec écharpe en crêpe de Chine vert d'eau, brodé de fleurs en couleurs.

108 — Couvre-lit en satin jaune brodé d'oiseaux et fleurs en soies de couleurs. Doublé de soie bleue.

2 m. 35 cent. × 2 m. 25 cent.

109 — Couvre-lit en satin bleu ciel, brodé de fleurs et oiseaux en soies de couleurs. Doublé de soie rose.

2 mètres × 1 m. 85 cent.

110 — Tapis de table en satin vert d'eau, brodé de dragons en soies de couleurs. Doublé de soie verte.

1 m. 45 cent. × 1 m. 45 cent.

111 — Tapis de table en satin marron, brodé de dragons en soies de couleurs.

1 m. 47 cent. × 1 m. 10 cent.

112 — Couvre-lit en satin rouge, brodé de soies de couleurs : fleurs et oiseaux phénix. Doublé de soie bleue.

2 m. 35 cent. $\times$ 2 m. 25 cent.

113 — Lambrequin en satin crème, brodé de soies de couleurs : Dragons dans les flots.

Haut , 75 cent.; long., 2 m. 55 cent.

114 — Petit lambrequin en satin bleu ciel, brodé de soies de couleurs : fleurs et oiseaux.

Haut., 37 cent.; long., 1 m. 85 cent.

115 — Paire de portières en satin crème brodé de soies de couleurs : dragons dans les flammes. Doublées de soie bleue.

Haut., 3 m. 35 cent.; larg., 1 m. 20 cent.

116 — Paire de portières en satin vert d'eau richement brodé de soies de couleurs : paon, oiseaux et chrysanthèmes.

Haut., 3 m. 35 cent.; larg. 1 m. 20 cent.

117 — Trois dessus de coussin en satin rose, crème et havane brodé de soies de couleurs : dragons.

118 — Coupe de crêpe de Chine crème, brodé de fleurs en soie blanche.

1 m. 50 cent. $\times$ 5 mètres.

119 — Panneau en satin noir, décoré de personnages avec tigres surmontés d'une figure de dieu sur une chimère dans les nuages. Travail japonais.

120 — Tapis chinois, à décor de fleurs rouges, violettes et bleues sur fond jaune; encadrement de grecques.

1 m. 55 cent. × 2 m. 72 cent.

121 — Carpette chinoise, décor à dessins réguliers à insignes et fleurs sur fond jaune.

2 mètres × 1 mètre.

122 — Carpette chinoise, à dessins en blanc et bleu sur fond rouge, bordure à grecques blanches.

1 mètre × 2 mètres.

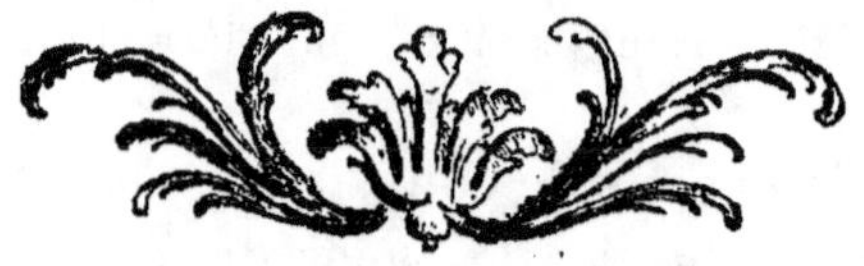

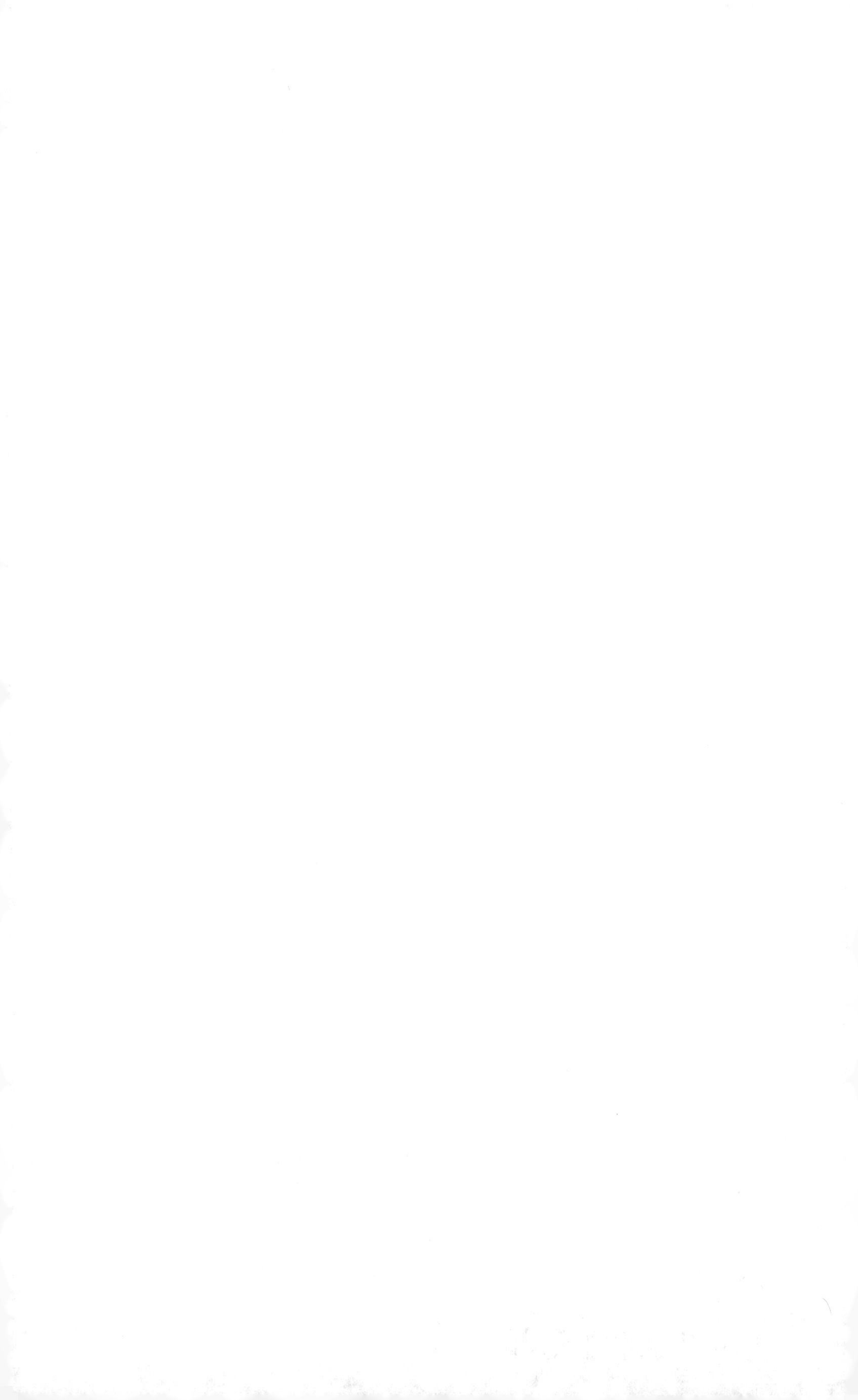